Inhalt

Einleitung

Mathematik und Kreativität sind Bereiche, die nicht jeder gleich miteinander in Verbindung bringt. Vielen Erwachsenen erscheint es illusorisch, Mathematik mittels gestaltenden Tätigseins und eigener Ideen selbst produzieren zu können. Doch »Kinder erfinden Mathematik« ist ernst gemeint. Der kurze Satz fasst zusammen, was passiert, wenn kleine und große Menschen passende Werkzeuge – zum Beispiel einen Beutel voller 1-Cent-Stücke – in die Hände bekommen. Sie beginnen nämlich, ihre Fantasie spielen zu lassen und die vielen Teilchen neu zu ordnen.

Betrachten – oder besser: bearbeiten – wir Mathematik als Lehre vom Muster, wird deutlich, dass das Rechnen nicht im Mittelpunkt steht. Es ist ein Baustein, der erst gebraucht wird, wenn die Frage nach dem »Wie viel?« wirklich entsteht. Vorher kann man Mathematik ganz ohne Rechnen als buntes System voller Ästhetik und interessanter Anordnungen kennenlernen.

Beim Tätigsein mit gleichem Material in großer Menge gibt es keine vorgegebenen Aufgaben, sondern erst einmal nur das Gestalten und damit das eigene Erleben. Augen und Hände werden gebraucht, um aus dem Vollen zu schöpfen, Formen zu erkennen, sie umzubilden. Dabei stoßen wir auf Ungeplantes. Um Ideen zu finden, gucken wir voneinander ab, denn Nachahmen und Variieren sind die Basis für neue Ideen und damit auch für das Erfinden.

Eines der interessantesten Phänomene, wenn Menschen beim Bauen mathematische Muster konstruieren, ist ein individueller und gruppentypischer Perfektionierungsprozess. Er wird an der Ideeentwicklung und Ideenwanderung sichtbar.

In erster Linie geht es aber darum, Mathematik zu tun, weil es schön ist, sie zu tun. Als Werkzeug für das eigene Erfinden dient ein bestimmtes Prinzip: gleiches Material in großer Menge. Zu Hunderten oder gar Tausenden präsentiert, verlieren kleine und gleiche Gegenstände wie bunte Eislöffel, Becher, Quadratfliesen, Schraubmuttern, Holzwürfel oder 1-Cent-Stücke ihre eigentliche Funktion. Tausend Eislöffelchen verführen eher zum Anfassen als zum Eisessen. Neben dem taktilen Reiz, den solche ungeordneten Ordnungen auslösen, entsteht ein innerer und äußerer Dialog der Fantasie und des Strukturierens. Beim freien Arbeiten mit gleichem Material in großer Menge zeigen sich typische Handlungsmuster und mathematische Motive.

Ein Experiment

Stellen Sie sich vor, Sie sitzen an diesem Tisch und haben viel Zeit. Was tun Ihre Hände?
Was tun Sie mit den Eislöffelchen?

Was tun Sie mit den Holzwürfeln?

Sie können Ihre Gedanken notieren oder sie in Bildern festhalten. Vielleicht finden Sie Ihre Ideen später bei Kindern wieder...

Was passiert, wenn Hunderte Cents auf dem Tisch liegen?

Wann ist eine Erfindung eine Erfindung? Und was ist Mathematik?

Zehn Vorschulkinder sitzen an einem mit weißem Papier bedeckten Tisch. Ein Kind öffnet den vollen Beutel, der auf dem Tisch liegt, und schüttet vorsichtig einige Tausend 1-Cent-Stücke auf die Tischplatte.

Die erste Präsentation

Die Präsentation ungewohnt großer Mengen erzielt bei kleinen und großen Menschen zunächst einen Überraschungseffekt. Der Anblick zahlreicher Münzen löst immer wieder Freude und Erstaunen aus, und das akustische Wahrnehmen rieselnden Geldes verstärkt diesen Eindruck. Deshalb lohnt es sich, sich Zeit zu nehmen und die Präsentation bedächtig durchzuführen.

Beim ersten Betrachten einiger Tausend auf dem Tisch liegender 1-Cent-Stücke wechselt unsere Aufmerksamkeit immer wieder vom ungeordneten Ganzen zu Teilmengen und zu Eigenschaften einzelner Münzen. Innerhalb von Sekunden sehen wir die Kontur der ganzen Menge, vergleichen die unterschiedlichen Anhäufungen innerhalb der Menge, finden höchste Punkte. Unsere Augen wandern über gesondert liegende Cents. Je nach Lichteinfall stechen glänzende Münzen hervor. Daraufhin werden auch besonders dunkle Münzen und weitere Schattierungen sichtbar.

Bei Gedankenexperimenten Erwachsener richtet sich die Aufmerksamkeit manchmal nicht auf die ganze Menge, sondern direkt auf die einzelnen Teilchen und damit auf die Fingerspitzen. Dies passiert beim wirklichen Tun aber erst in der zweiten Phase.

In der Realität löst die Unordnung vieler gleicher Teilchen bei allen Menschen zunächst einen taktilen Reiz aus. Erste Aktionen sind oft von impulsiven Bewegungen mit den Händen, Armen oder sogar dem Oberkörper geprägt. Die gesamte Geldmenge wird bewegt. Es wird geschoben, zerteilt, zusammengeschoben. Größere Teilmengen – manchmal sogar die gesamte Menge – werden zeitweise von einzelnen Beteiligten in Beschlag genommen, also zusammengerafft, aber bald und fast immer freiwillig wieder in die Tischmitte bewegt.

Dieses Umformen der ganzen Menge, oft mittels kreisender Bewegungen, dauert – je nach Gruppe – unterschiedlich lange. Während Erwachsene sich nur sekunden- oder minutenlang damit befassen, wird die große Menge als Ganzes für Kinder bis zu fünf Jahren zum Zentrum zahlreicher Handlungen. Dies wird zum Beispiel beim ausdauernden Umfüllen von Münzen in Becher sichtbar.

Erste Handlungsmuster und mathematische Motive

Das Teilen der großen Menge in zwei gleiche Hälften stellt häufig eine erste zielgerichtete Umstrukturierung dar. Mathematische Motive, die für das gestaltende Tätigsein mit gleichem Material typisch sind, kündigen sich bereits in dieser ersten Phase des Handelns an:

- das Verwerten der Cents: Eine Münze steht für die Zahl 1;
- das Bilden von Linien, Flächen, Körpern, Mittelpunkten und Symmetrien;
- das Legen von Modellen – zum Beispiel Grundrisse – und von größtmöglichen Objekten.

Eine interessante und auch bei Kindern unter vier Jahren oft zu beobachtende Aktion, wenn sie dem Material erstmalig begegnen, ist das vollständige Plätten des Geldberges. Unbewusste Ziele dabei sind offenbar:

- das Bilden einer größtmöglichen Fläche,
- das Sichtbarmachen jeder einzelnen Münze als Ganzheit, also ohne Überlappung.

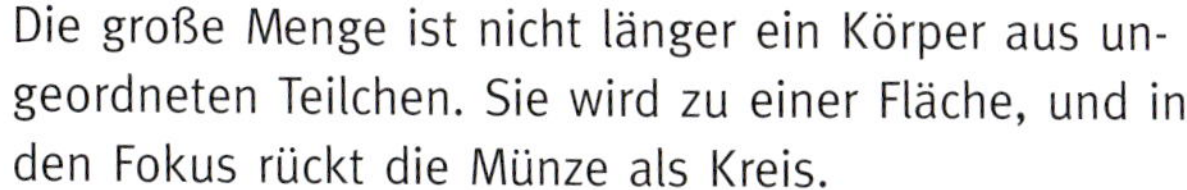

Die große Menge ist nicht länger ein Körper aus ungeordneten Teilchen. Sie wird zu einer Fläche, und in den Fokus rückt die Münze als Kreis.

Beim Beobachten von Menschen, die nur ihre Hände arbeiten lassen, also keine konkreten Instruktionen oder Anregungen bekamen, wirken manche dieser typischen Handlungsmuster besonders eindrücklich: Gemeinsam wird gezielt an den Rändern geschoben und versucht, eine kreisförmige oder zumindest ovale Fläche zu bilden. Kinder legen dann oft mit kreisenden Handflächen oder Fäusten die Mitte der Fläche frei, so dass ein leerer Innenkreis entsteht. Durch Schieben oder erstmaliges Greifen einzelner Münzen mit den Fingerspitzen wird die leere Mitte dann gern mit weiteren Innenkreisen und weiteren Mitten ausgestattet – jeweils in Form einer einzelnen Münze oder eines Turms. Ein solch rundes Mitte-Objekt kann bereits eine erste mathematische Eigenproduktion darstellen.

Sobald nicht mehr die Menge interessant ist, sondern die einzelnen Elemente im Fokus stehen, werden Modelle gelegt und gebaut, Stapel gebildet, Vielecke und Figuren konstruiert oder Sortierungen vorgenommen. Typische erste Legeobjekte sind:

- der Baum;
- die Blume;
- das Kreuz;

- das Zelt;
- das Herz;
- die Sonne;
- eine Spirale;
- das Haus;
- geläufige Zeichen, Namen oder Ziffern;
- bei Erwachsenen auch das Sechseck oder die Raute.

Es entstehen Türme, möglichst hohe oder mehrere in gleicher Höhe, in unterscheidbaren, noch unsortierten Höhen oder als geordnete, treppenartige Gebilde.

Wer mit den einzelnen Münzen nicht in die Höhe geht, sondern in der Fläche bleibt, bildet zunächst einfache geometrische Formen, einfache Figuren oder Zeichen ab.

Richtet sich die Aufmerksamkeit auf die Kreisform der Münze, entstehen geometrische Gebilde. Dabei werden Kreise nicht nur als runde Teilchen wahrgenommen. Sie lassen sich auch zu Linien und damit zu Konturen von Formen und Figuren zusammenfügen.

Rücken die Münzen hingegen als Repräsentanten für die Zahlen in den Vordergrund, entstehen andere Themen:

- das Zählen;
- das Bilden von Mengen;
- das Bündeln;
- der Alltagsbezug zum Geld;
- die Einheiten des Geldes, zum Beispiel: 100 Cent gleich 1 Euro.

Neben dieser Fokussierung auf Geometrie oder Arithmetik – also die Münze als Kreis oder als Repräsentant für die Zahl 1 – hängt das weitere Vorgehen natürlich auch von den Ideen, den Handlungen und den angefertigten Objekten der anderen Gruppenmitglieder ab.

Erste Objekte mit Cents: der »Königinweg«

Meral, sieben Jahre alt, arbeitet zum zweiten Mal mit Cents. Im Mathematikraum ihrer Schule stellt sie innerhalb von knapp 30 Minuten mit 157 besonders glänzenden 1-Cent-Stücken eine erste freie mathematische Eigenproduktion her: der »Königinweg«.

Das Zusammenspiel der Aspekte Bedeutung und Form (äußere Struktur) ist für diese Art des Gestaltens zentral:

- der Aspekt Bedeutung: Ein Cent-Stück mit niederländischer Prägung ist die Königin. Fünf weitere sortierte Münzen mit ausländischer Prägung sind das Gefolge. Ein gelber Pappstreifen ist der rote Teppich. Die vielen Münzen mit deutscher Prägung sind das Volk;
- der Aspekt Form: Der Pappstreifen als Rechteck ist mit 1-Cent-Reihen gerahmt. Die nach Prägung aussortierten Cents sind achsensymmetrisch angeordnet. Die sortierte Königin-Münze bildet den Mittelpunkt.

Mathematische Motive mit Münzen

Alltagsbedeutung: Geld als Wert (100 Cent = 1 Euro);
Mengenbildungen durch unterschiedliche Einheiten:

- 2er-, 3er-, 4er-, 5er-, 6er-,10er-Bündelungen;
- die Einheit 10;
- sichtbare und messbare Eigenschaften wie Höhe oder Gewicht.

Viele Dinge, die Kinder automatisch mit Cents tun, tragen mathematischen Charakter:

- Sortieren nach Vorder- und Rückseiten;
- Sortieren nach Prägungen, zum Beispiel: Länder, Jahre;
- Sortieren nach Alltagsfärbungen: neu/hell, abgenutzt/ dunkel;
- Bilden von Kreisen, Säulen, Punkten, Mitten, Linien, Flächen, Körpern: zum Beispiel Pyramiden, Quader, Würfel;
- Legen von Konturbildern;
- Legen von gefüllten Flächen: zum Beispiel ein reguläres Dreieck;
- Legen von geometrischen Formen: zum Beispiel reguläre Vielecke;
- Legen von Figuren zu Themen aus der realen oder einer fiktiven Welt;
- Legen von Symbolen: zum Beispiel Zahlen, Buchstaben, bekannte oder erdachte Zeichen.

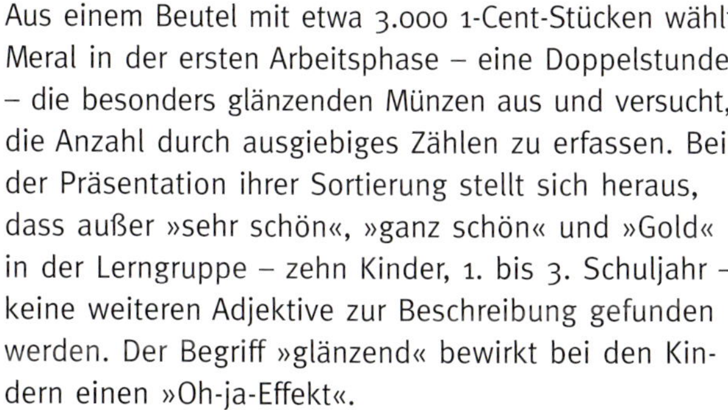

Aus einem Beutel mit etwa 3.000 1-Cent-Stücken wählt Meral in der ersten Arbeitsphase – eine Doppelstunde – die besonders glänzenden Münzen aus und versucht, die Anzahl durch ausgiebiges Zählen zu erfassen. Bei der Präsentation ihrer Sortierung stellt sich heraus, dass außer »sehr schön«, »ganz schön« und »Gold« in der Lerngruppe – zehn Kinder, 1. bis 3. Schuljahr – keine weiteren Adjektive zur Beschreibung gefunden werden. Der Begriff »glänzend« bewirkt bei den Kindern einen »Oh-ja-Effekt«.

Nicht nur bei Schülerinnen und Schülern mit Migrationshintergrund ergeben sich häufig Schwierigkeiten, weil ihnen die passenden Wörter – und damit mögliche zu denkende Kategorien – fehlen.

Meral nimmt sich in der zweiten Arbeitsphase das Plastikschälchen mit den glänzenden Cents nochmals vor und beginnt mit dem Sortieren nach Prägungen der Rückseiten. Mit ihrer Freundin sortiert sie Cents mit ausländischen Rückseiten aus. Beide Mädchen erhalten von mir eine längliche, gelbe Pappe als Hilfsmittel zur Ablage der Münzen.

In der Menge von etwa 170 Münzen sind nur sechs ausländische dabei. Eine davon finden die Mädchen wegen des Kopfs besonders interessant. Sie entziffern: »Beatrix, Königin der Niederlande«. Das Angebot eines Hilfsmittels – hier die gelbe Pappe – gibt in Kombination mit der Münze »Königin« einen Impuls für die Gestaltung des Objekts.

Hilfsmittel: Ja oder nein?

Hilfsmittel ermöglichen Kindern nicht nur die Umsetzung einer Idee. Sie liefern auch Impulse, um Ideen und Vorhaben zu lenken. Aber sie werden mitunter selbst zum Werkzeug.

Wichtig ist daher die Frage, ob ein Hilfsmittel die Arbeit an einem Thema unterstützt oder sie verwandelt. Mitunter ist ein Hilfsmittel für ein Kind sinnvoll, bringt andere Kinder jedoch von der Verfolgung ihrer Pläne oder Themen ab.

Ein Rezept für den Einsatz von Hilfsmittel gibt es nicht, denn: Lernbegleitung ist und bleibt ein Ausprobieren.

Merals Freundin interessiert sich für das Merkmal »glänzend« und begibt sich zu dem Tisch mit der Ursprungsmenge einiger Tausend Münzen.

Die Entscheidung, wer wann wie lange woran und mit wem arbeitet, ist den Kindern freigestellt. Schließlich geht es beim gestaltenden Tätigsein vorrangig um das Entwickeln und Bearbeiten eigener Ideen. Die dabei entstehenden Themen und Schwerpunkte lassen sich nicht immer gemeinsam verfolgen und ausarbeiten.

Meral arbeitet nun allein. Nach etwa 15-minütigem Legen verschiedener Anordnungen ist Merals erstes Objekt fertig. Sie kommentiert es mit: »Das ist ein Königinweg.«

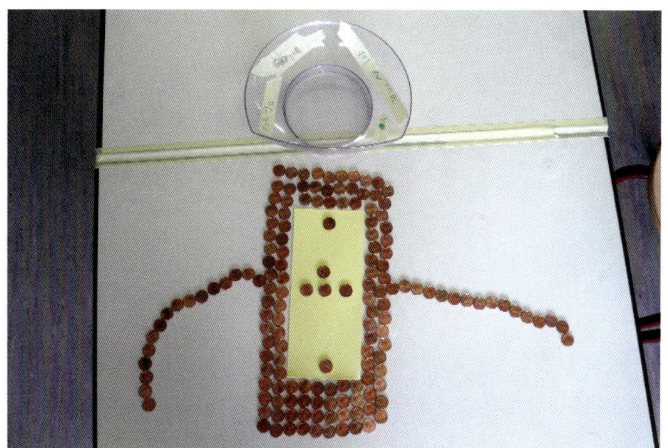

Die niederländische Münze befindet sich selbstverständlich in der Mitte des Bildes. Die übrigen fünf »anderen Cents« liegen ebenfalls auf der gelben Pappe.

Nach einigen Minuten setzt Meral die Gestaltung des Objekts fort. Sichtbar wird nun ein klassisches Phänomen für das Erfinden mit großen Mengen:

Wurde keine zu große Menge angeboten, werden alle verfügbaren Einzelteile zu einem geordneten Objekt verbaut. Das große Ganze wird sowohl von einzelnen Kindern als auch durch das gemeinsame Gestalten einer Gruppe geschaffen. Um einen solchen Plan zu verwirklichen und ein Werk zu vervollständigen, werden von einzelnen Kindern bereits verbaute Materialien oder auch ganze Objekte verfügbar gemacht.

Mit allen noch übrigen Münzen legt Meral nun Wege für das Volk. Sie beginnt rechts und legt auf der gegenüberliegenden linken Seite einen zweiten Weg an. Dafür wählt sie das Kriterium der exakt gleichen Münzenanzahl. Die optische Erfassung ergänzt sie durch die genaue Anzahlerfassung. Das gelingt durch schiebendes Umgruppieren einzelner Münzen – nacheinander von rechts nach links – und durch mehrfaches Abzählen beider Längen.

Meral hat Glück, denn: Wenn die übrigen Münzen nicht aus einer geraden, sondern einer ungeraden Anzahl bestehen, bleibt bei der Gleichverteilung vom rechten auf den linken Weg eine Münze übrig. Was macht eine Erfinderin mit einer solchen Münze?

Eine nächste, zufällige Umwandlung zeigt die weitere Abwandlung des Objekts in einer kurzen Sequenz: Als Meral das zu Beginn geleerte Plastikschälchen vom Fußboden auf den Tisch stellt, formt sich für sie die Bedeutung ihres Objekts »Königinweg« plötzlich um.

Innerhalb von Sekunden verwandelt sich Merals »Königinweg« – auch für den Betrachter – in einen Rumpf mit Kopf und Armen. Dies wird durch Merals erst erstaunte, dann amüsierte und schließlich nachdenkliche Mimik deutlich. Nach wenigen Augenblicken entfernt sie das Schälchen. Wahrscheinlich, um den »Königinweg« in ihrer Vorstellung wieder in den Vordergrund treten zu lassen.

Mögliche weitere Vorgehensweisen

- das freie Abbilden des Objekts auf Papier;
- die Präsentation mit Gespräch in der Gruppe;
- das Suchen von Zahlen, Formen und Besonderheiten im Objekt;
- das Finden von Veränderungen: Andere Kinder oder die Lernbegleiterin entfernen einzelne Münzen oder legen sie um.

Formen im Vordergrund

»Das sieht aus wie Wasser, aber nicht wie ein Strich«, sagt die sechsjährige Noura. Sie legt Münzen in eine Reihe. In der Absicht, die leere Fläche zwischen zwei aneinanderliegenden Kreisen auszufüllen, schiebt sie spontan eine weitere Münze in die Lücke. Erstaunt betrachtet sie das Ergebnis: ein Dreieck!

Die entdeckte Form vervielfältigt sie so oft, bis die Tischfläche mit kleinen Dreiecken bedeckt ist. Danach nimmt sie Krepp-Klebeband, schreibt ihren Namen darauf und klebt es auf den Tisch. So wissen alle in der Gruppe, von wem das Objekt stammt und dass die Cents nicht benutzt werden dürfen.

Das reguläre Dreieck, an allen Seiten genau gleich lang, ist beim Erfinden mit Cents ein ebenso beliebtes Thema wie das Quadrat. Es kann aus der Fantasie – zum Beispiel beim Legen von Tipis oder Hausdächern – oder beim zufälligen Erblicken dreier eng aneinanderliegender Kreise entstehen. Trotz fehlender Ecken können die meisten Kinder darin ein Dreieck erkennen.

Neben der Verwertung aller verfügbaren Elemente zum Bau eines Objekts ist auch das Abdecken bestimmter Flächen – des Tischs, des Teppichs, der gesamten Raumlänge – ein typisches Handlungsmuster. Beliebt ist die Kombination beider Aspekte: das Ausfüllen einer gesamten Fläche bei gleichzeitigem Verbrauch aller Elemente.

Typischerweise wollen Kinder ihre neu gebildeten Formen und Figuren nicht nur in einer Größe haben. Das Bilden von Seriationen, also Reihenfolgen, ergibt sich häufig aus dem Wunsch, die Form möglichst klein oder – wie bei dem kleinen Dreieck – ganz groß abzubilden.

Das kleine Dreieck aus drei Kreisen wird allerdings meist nicht um eine weitere Reihe ergänzt und damit vergrößert, sondern es wird ein neuer, größerer Dreieckrahmen gebildet. Dieser Rahmen gelingt in der Regel jedoch nicht so, dass die Seiten im richtigen Winkel zueinander stehen und er mit Münzen perfekt – also ohne Lücken oder Überlappungen – gefüllt werden kann. Dies stellt nicht nur optisch ein Problem dar. Es entstehen mathematische Fragen, mit denen sich manche Kinder ausdauernd befassen können.

Wer diese häufig auftretenden Handlungen und die Vertiefung in das Gestalten vollkommener Symmetrien beobachten darf, wird merken, dass viele vorgefertigte »Anschauungsmaterialien«, die speziell für das Lernen von Mathematik konzipiert wurden, die eigentlichen Möglichkeiten des Entdeckens und Erfindens reduzieren.

Münzfragen Erwachsener

Wenn man drei Kreise eng zusammenschiebt, entsteht optisch ein kleines Dreieck.

- Wie sieht das nächstgrößere Dreieck aus?
- Und das übernächste?
- Was sind Dreieckszahlen?
- Wie viel Tischfläche braucht ein Dreieck, das 100 1-Cent-Stücke lang ist?
- Hat das Dreieck eine Münze, die genau in der Mitte liegt?
- Wie teuer ist es eigentlich?

Beim flächigen Abbilden – zum Beispiel eines gelegten Dreiecks auf der Tischfläche – wird zunächst die Kontur der gedachten Form gelegt. Ähnlich wie beim Plätten einer noch ungeordneten Menge versuchen Kinder, die gelegte Dreiecksrahmung ohne Überlappungen und ohne Lücken mit weiteren Münzen zu füllen. Diese Handlung ermöglicht vielen Kindern den Übergang vom Kreieren zum Durcharbeiten. Dabei wird an dem bereits bekannten Muster »kleines Dreieck« so gearbeitet, dass die neue Form der Wunschvorstellung »schönes gleiches Dreieck, aber ganz groß« entspricht.

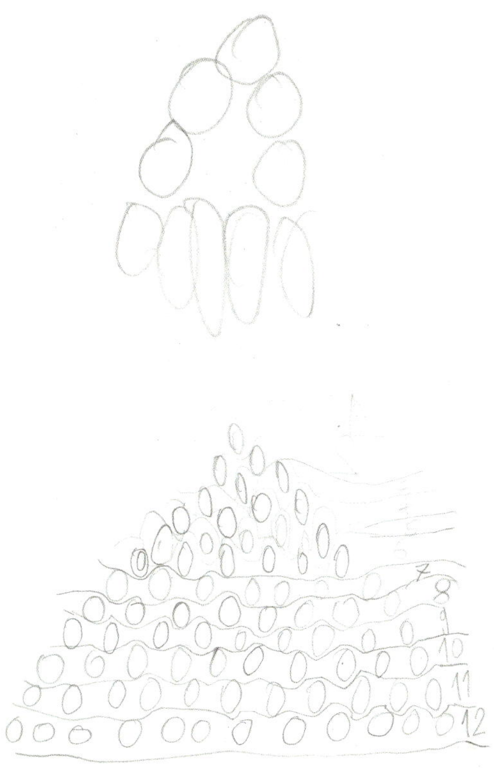

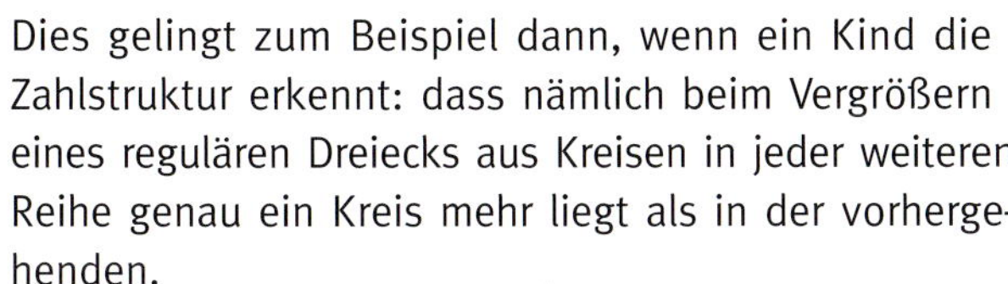

Dies gelingt zum Beispiel dann, wenn ein Kind die Zahlstruktur erkennt: dass nämlich beim Vergrößern eines regulären Dreiecks aus Kreisen in jeder weiteren Reihe genau ein Kreis mehr liegt als in der vorhergehenden.

Das Durcharbeiten – also Legeversuche und zeichnerische Abbildungen größerer Dreiecke aus Kreisen – kann zum Entdecken dieses neuen Musters führen.

Lina, sechs Jahre alt, hat drei Kreise gelegt und dabei ihr neues Thema gefunden. Sie fertigt innerhalb von vier Wochen Zeichnungen an, aus denen hervorgeht, dass sie die Verbindung von Form und Zahl entdeckt hat.

Ecken doppelt zählen?

»Erst lege ich fünf Würfel in einer Reihe hin. Und dann noch mal fünf, denn die (Seiten) sollen alle immer 5 lang werden«, sagt der sechsjährige Nurettin bei dem Versuch, einen Quadratrahmen zu legen. Die Ungereimtheit, die für ihn nun entstehen wird, beschäftigte schon andere Kinder, zum Beispiel Vivien, sieben Jahre alt: »Ich weiß genau, dass ich für jede Seite immer genau zehn Würfel hingelegt habe. Und jetzt ist das (Quadrat) überall 11 lang…«

Die beinahe-reguläre Form ist ein häufig erzeugtes Produkt von Kindern. Beinahe-Quadrat heißt, dass die aus mehreren Steinen oder Kreisen gelegte Rahmung an der angrenzenden Seite genau um einen Stein länger ist als an der Seite, die zuerst gelegt wurde. Es entsteht entweder ein schiefes Viereck, ein Rechteckrahmen oder im Idealfall ein Quadrat mit der Seitenlänge von genau einem Würfel mehr, als geplant war. Das Objekt – und damit auch das Problem – wird immer wieder rekonstruiert und variiert.

Beobachtet man Kinder, die in der Phase des Durcharbeitens sind, fällt deren hohe Motivation auf, selbstgemachte und selbstgedachte Probleme in den Griff zu bekommen. Bei einer guten Atmosphäre und genügend Zeit dauert das Durcharbeiten meist so lange, bis sich endlich eine passende Lösung findet. Dies äußert sich für Außenstehende in Form eines »Aha-Erlebens« oder eines zu beobachtenden »mathemagischen« Moments.

Das Beinahe-Quadrat – zum Beispiel 3 mal 4 Würfel – taucht auch bei dem sechsjährigen Noah als Problem auf, als er eine große Pyramide bauen will. Nach vielen Versuchen mit kleinen und großen, zerstörten und verlassenen oder geschmückten Beinahe-Quadrat-

Pyramiden, bei denen immer nur die Spitze wirklich quadratisch ist, findet er – alternativ zu der Ecksteinverwertung – eine andere Lösung als Orientierung für riesige Quadrate-Pyramiden: die Diagonale. Er stellt fest: »Wenn ich genau von der Ecke in die Ecke gegenüber gucken kann, dann klappt die richtige Pyramide.« Es gibt typische mathematische Probleme, die in gebauten Objekten oder in zeichnerischen Abbildungen stecken, so dass nicht wie gedacht konstruiert werden kann. Solche struktur- und materialimmanenten Gegebenheiten bringen die Kinder dazu,

- das Objekt freiwillig zu zerstören,
- das Objekt zu verlassen,
- das Objekt zu schmücken.

Bei Rahmen aus Würfeln entsteht durch die Ecksteine für die Anzahlerfassung – also für die Antwort auf die Frage, aus wie vielen Steinen eine Seite besteht – ein klassisches mathematisches Problem bei gleichem Material in großer Menge. Statt den Eckstein jeweils beiden angrenzenden Seiten zuzuordnen, zählt das Kind ihn nur einer der beiden Seiten hinzu. Diese Vorstellung ist noch additiv, die Würfel der angrenzenden Seiten werden also noch als eine Linie gedacht. Um den Eckstein beiden Seiten zuordnen zu können, muss das Kind jedoch die Fläche denken können.

Kindern, die handelnd genau an diesem Problem arbeiten, sollten keine Strategien vorgegeben werden. Denn: Die Flächenvorstellung ist wichtig, um den Unterschied von Multiplikation und Addition – 3 mal 4 oder 3 plus 4 – gedanklich zu erfassen.

Woher stammt das Konzept?

Inspiriert durch die natürliche Methode für das Lernen von Mathematik, die der Freinet-Pädagoge Paul Le Bohec in den 1990er Jahren entwickelte, suchte der Pädagoge und Kunstliebhaber Anton Strobel nach einem Anschauungsmaterial für Zahlen. Für das Lernen von Mathematik wollte er Kreativität im ästhetischen Sinne über die Handlungsebene anregen. Als er den Auftrag bekam, eine Lernwerkstatt in Mannheim mit Mathematik-Material auszustatten, tauschte er bei einer Bank 30 DM in Pfennige um. Damit wollte er für jedes Kind einer Klasse 100 Teile in Form gleicher Münzen bereitstellen.

Vor 3.000 ausgepackten 1-Pfennig-Stücken sitzend, kam er beim Beobachten seiner eigenen spontanen Handlungen auf die Idee, dass es sich bei den Pfennigen um ein passendes Werkzeug für die Beschäftigung mit zahlreichen mathematischen Themen handelt.

Meine Arbeit an diesem Thema begann auch mit einem Zufall. Während meiner Ausbildung als Grundschullehrerin beobachtete ich meinen Sohn, der damals fünf Jahre alt war: Laris leerte einen Beutel mit etwa 1.000 Pfennigen, die ich längst hatte eintauschen wollen, in seinem Zimmer aus. Über Wochen legte er damit Straßen quer durch den Raum und war so begeistert vom Erfassen der gelegten Mengen, dass er sich intensiv mit Zahlen, Zählen und der Erschließung des Dezimalsystems beschäftigte.

Einige Monate später begegnete ich Anton Strobel auf einem Bundestreffen der Freinet-Pädagogen. Als er seinen Beutel mit 3.000 Pfennigen als potenzielles Mathematik-Material präsentierte, war mir klar, dass ich im Kinderzimmer zu Hause schon beobachtet hatte, was er – zur Verwunderung vieler Lehrer – als Hypothese aufstellte: Bei einer überraschend großen Menge gleicher Münzen wollen Menschen greifen und begreifen.

In der folgenden Zusammenarbeit erweiterten wir – zunächst in Eigenversuchen – das gleiche Material in großer Menge um viele weitere Alltagsgegenstände und Geometrie-Materialien.

Beim »Zahlensommer« im Fuldaer Kindermuseum zeigte 1999 erstmals ein Angebot verschiedener gleicher

Materialien in großer Menge, welch intensive Prozesse bei Kindern unterschiedlichen Alters angeregt werden können. Es wurde deutlich, dass sich Kinder über ihr fantasiebestimmtes Strukturieren in eine Auseinandersetzung mit Mathematik begeben, die wir mit zielgerichteten, thematisch festgelegten Angeboten nicht hätten initiieren können.

Intensive Praxiserfahrungen mit Vor- und Grundschulkindern in einem eigens dafür installierten ZahlenRAUM – ein Atelier mit den gleichen Materialangeboten – ließen folgende Fragen entstehen:

- Welche typischen mathematischen Motive kreieren Menschen auch ohne Anleitung?
- Wieso stecken Menschen, die in Gruppen arbeiten, einander an, sich zu vertiefen?
- Wieso wollen Kinder, die erfinden, ihre Fragen selbst beantworten? Wieso fragen sie uns Erwachsene nicht nach der Lösung?

In meiner empirische Studie, die von 2002 bis 2007 an der Universität Bremen entstand und an der zahlreiche Kinder und Erwachsene beteiligt waren, konnten einige Fragen zumindest in Ansätzen beantwortet werden. Was die methodischen Probleme angeht, lässt sich allerdings feststellen, dass es, wie bei anderen offenen Arbeitsformen, keine Rezepte gibt. Es gibt Phänomene wie typische Handlungsmuster und mathematische Muster, die sich besonders dann einstellen können, wenn die Rahmung, die wir als Lernbegleiterinnen schaffen, dies begünstigt. Doch letztlich ist immer der einzelne Mensch Erfinder. Material kann wochenlang unbeachtet bleiben, bevor es – dank der Idee eines einzelnen Kindes – zum Werkzeug mathematischen Handelns und Denkens wird.

Was sind typische mathematische Motive?

Ein markantes Merkmal bei »Kinder erfinden Mathematik« sind die zufälligen und unerwarteten Verläufe und die dabei entstehenden Themen. Manche Erwachsene finden das eher verunsichernd, zu wenig zielgerichtet oder gar überflüssig. Wir als Lernbegleiterinnen finden jedoch gerade das interessant und bereichernd für beide Seiten. Außerdem: Wenn wir genau hingucken, sehen wir, dass jede Kindergruppe mit unordentlichen Ordnungen mehr als eines der typischen mathematischen Motive zutage fördert.

Trotz der immer auch zufälligen – besser gesagt: nicht planbaren – Abläufe innerhalb einzelner Gruppen ist ein Ergebnis unserer langjährigen Praxis, dass es typische mathematische Motive gibt. Die beiden zentralen Bereiche hierbei sind Modell- und Strukturbildung, insbesondere die Symmetrie. Häufig kommt es auch zu einer Durchmischung: So wird zum Beispiel aus Würfeln ein Zimmer (Modellbildung) angefertigt, das als Fußboden ein farbsymmetrisches Muster mit einem farbig gebildeten Mittelpunkt hat (Strukturbildung mit Symmetrien).

Typische mathematische Motive, die in Gruppen von Kindern und Erwachsenen vorkommen

- Zahlen und Zahlenmuster

- Formen und geometrische Muster

- Verbindung von Geometrie und Arithmetik

- Bilden von Zeichen bekannter oder neuer Symbole

- Bilden von Figuren

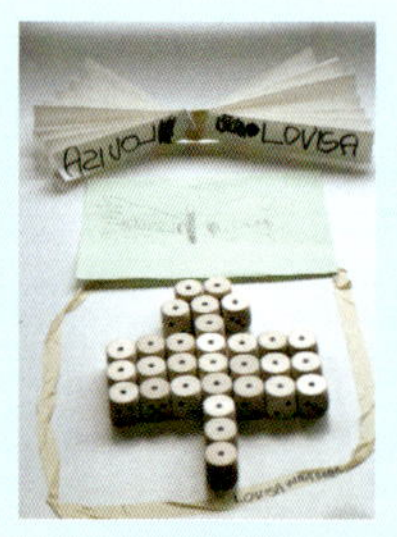

- Bilden der Mitte

- Bilden von Zinnen

Wie beim Bilden der Mitte taucht auch hier das Problem gerader und ungerader Zahlen auf: »Wieso passen die Zinnen nur manchmal genau auf die Ecke?«

- Bilden von Linien, von verschiedenen Formen und von Körpern

- Bilden von Symmetrien

- Bilden von regulären Formen

- Bilden von Reihenfolgen

- Bilden von Variationen

- Modellbau

- Alltagsmathematik

- Kombinatorik

- Kongruenzen

- Spiele

Warum wird genau gleiches Material gebraucht?

Wo finden sich in der Alltagswelt gleiche Teilchen in großer Menge? Wann sehen wir sie als ganze Menge, wann als Einzelteile?

Die Entscheidung für genau gleiches Material hat einen mathematischen Hintergrund, obwohl sie auf den ersten Blick als unnötige Reduktion erscheinen mag. Sie garantiert aber, dass die Fantasie der Motor des Konstruierens wird. Trotzdem können mathematische Motive in den Vordergrund rücken. Durch die mathematisch-identische Wertigkeit der einzelnen Elemente einer Menge ist es nämlich möglich, dass das Material als Werkzeug zur Repräsentation natürlicher Zahlen und gewisser Aspekte ihrer Beziehungen zueinander dienen kann.

Werden zum Beispiel Flächen aus Würfeln oder Treppen aus Münzen hergestellt, sind dies geometrische Ordnungen, die eindeutig in Zahlen und Zahlstrukturen – zum Beispiel 10 mal 10 – übersetzbar sind.

Ein Turm mit dem Wert 10 ist also genau doppelt so hoch wie ein Turm mit dem Wert 5. Dies entspricht dem gleichschrittigen Aufbau unserer Zahlen, bei dem die 1

die kleinste sichtbare Einheit darstellt, aus der sich alle weiteren natürlichen Zahlen – also 2, 3, 4 und so weiter – zusammensetzen lassen.

Vollkommene Körper wie Würfel oder Kugel und Formen wie Kreise, Quadrate und reguläre Dreiecke als Grundelemente für das gleiche Material in großer Menge erfüllen diesen Anspruch in besonderer Weise. Aber auch die ungewohnte Darbietung von Alltagsmaterialien – zum Beispiel Eislöffel, Zahnstocher oder Pappbecher – kann unsere Fantasie einladen, neue Ideen für das Konstruieren zu liefern.

Kinder und Erwachsene, die mit gleichem Material gestalten, berichten häufig von Strukturen, die sie in ihrer Lebenswelt plötzlich sichten:

- »Im Urlaub gab es ganz viele Dreieckhäuser.«
- »Ich sehe den ganzen Tag Rechtecke – die Garagentore, die Steine der Häuser, die Streifen auf der Straße, die Tische und die Holzbrettchen für das Essen…«
- »Wir haben zu Hause viele Quadrate – auch auf Anziehsachen.«
- »Im Badezimmer sind an der Wand kleine Quadrate, aus denen immer größere werden können.«
- »Meine Serviette sehe ich plötzlich als Quadrat – auch beim Aufklappen.«
- »Man kann ständig zählen und bunte Muster finden.«
- »Es gibt überall immer ganz viel Gleiches, draußen und drinnen.«

Die Bezeichnung »gleiches Material« bezieht sich ausschließlich auf die geometrische Form. Im messbaren Sinne besteht also eine Gleichwertigkeit der einzelnen Elemente. Farbvarianten oder Symbole und Zeichen – zum Beispiel auf dem Augenwürfel – erweitern hingegen die Möglichkeiten der Strukturbildung.

Damit nicht ausschließlich die Fantasie aktiv wird, sondern auch mathematische Fragen und Antworten entstehen, ist es nötig, das Material in einer schlichten Umgebung zu präsentieren. In Kitas eignen sich in der Regel frei geräumte Vorleseecken oder Flure eher als der Werkraum oder die Bauecke, denn in diesen Räumen gibt es zu viele andere Materialien, die leicht vermischt werden. Die Mathematik geht dann unter…

Bei der Auswahl speziellen Geometrie-Materials sind bestimmte Aspekte zu beachten:

Beispiel: Würfel

Im Gegensatz zu den klassischen Spielwürfeln sollte ein Würfel exakt acht Ecken aufweisen, und zwar richtige Ecken, keine abgerundeten. Sind die Würfel von guter Qualität – also in gleicher Größe mit gleich langen Seiten und rechten Winkeln –, lassen sie sich optimal als größere Körper in die Höhe bauen und geben damit auch das mathematisch korrekte Bild aneinandergefügter Würfelkörper ab: Beim Zusammenfügen entstehen Flächen ohne Löcher.

Gleiches Material in großer Menge darf von den Kindern nicht bemalt werden. Auch wenn das noch so kreativ aussieht – das Material wird dadurch in eine Unordnung versetzt, auf die sich die Aufmerksamkeit richtet. Um die Fantasie beim Konstruieren von Mathematik zu integrieren, bedarf es nicht nur der Schlichtheit der Umgebung, sondern auch der Schlichtheit des Materials.

Beispiel: farbiges Material

Die Färbung einzelner Elemente sollte ebenfalls den Aspekt der Schlichtheit wahren und möglichst einen mathematischen Sinn ergeben. Bestimmte Strukturmerkmale können über die Anzahl der Farben in den Vordergrund gehoben werden: Bei den 90°-Winkeln passen vier Formen als nächstgrößere Einheit zueinander.

Die Quadrate sollten immer die gleiche Farbkombination ihrer Vorder- und Rückseiten – zum Beispiel: Vorderseite blau, Rückseite rot – haben, damit die Kinder mittels Kombinieren nach den richtigen Farben greifen, obwohl sie die Farbe nicht sehen.

Bei der Auswahl von regulären Dreiecken – jeder Winkel hat 60° – sollte man drei verschiedene Farben und nicht vier auswählen, da sich aus Dreiecksplättchen mit drei Farben weitere geschlossene Formen – zum Beispiel das Sechseck – farbsymmetrisch bilden lassen.

Verwenden Kinder bei Dreiecken vier und mehr Farben, entstehen seltener Themen wie Farbsymmetrie, weil es zu viele verschiedene Kombinationsmöglichkeiten gibt.

Die Integration von Mathematik in die Alltagswelt wird auch deutlich, wenn Kinder davon berichten, dass sie in ihrer Freizeit die Lösung eines beim Arbeiten mit gleichem Material entstandenen mathematischen Problems gefunden haben: »Ich weiß jetzt, wann es klappt, dass immer ein Stein genau in die Mitte passt! Ich habe das zu Hause mit kleinen Plastiktischen von meinem Bruder gebaut. Das ist wegen den gerechten (geraden) und den ungerechten (ungeraden) Zahlen«, erklärt die siebenjährige Svenja.

Was heißt Lernbegleitung?

Materialangebote und Räume passend machen

Gleiches Material kann in möglichst schlichten Umgebungen – je nach Gruppe, Zeitdauer und Raum – einzeln oder zeitgleich mit weiteren Materialien in großer Menge angeboten werden: nur Eislöffelchen oder auch Wäscheklammern und Würfel. Doch die unterschiedlichen Bedürfnisse, sich zu konzentrieren, zu kooperieren und zu kommunizieren, lassen sich nicht unbedingt miteinander verbinden. Daher werden Arbeitsplätze wie Tische, Fußböden oder lange Bänke – den Themen und Bewegungs- oder Konzentrationsbedürfnissen entsprechend – während des Arbeitens mitunter umgestaltet.

Kreativität und mathematisches Tätigsein anregen

Ideen werden beim Bauen oder Zeichnen abgebildet. Durch Beachten und Benennen in gemeinsamen Gesprächen und durch Fotos von Objekten werden Ideen gesichert. Ergänzend sollten das Gestalten und das Abbilden von Strukturen beachtet werden.

Aber: Nicht zu viele Fantasie-Hilfsmittel anbieten, auch keine Wasserfarben, Klebe- und Kreativmaterialien. Sie lenken ab. Begriffe wie Ecke, Rechteck, Quadrat oder Spiegelachse werden – wie andere Wörter auch – von den Kindern selbst kreiert oder von uns Erwachsenen verfügbar gemacht.

Diskrete Impulse und Hilfsmittel

Konkrete Aufgaben und Fragen als Grundlage für das weitere Konstruieren der Kinder sind unnötig. Allenfalls dürfen Erwachsene Anmerkungen machen oder Fragen stellen, die Ideen hervorrufen können. Den Kinderideen entsprechend können sie zum Material passende zusätzliche Hilfsmittel besorgen. Ein Beispiel: Die Kinder sortieren Cent-Stücke nach Prägungen und können als Hilfsmittel kleine Behältnisse gebrauchen.

Beobachten, dokumentieren und analysieren

Die Ideeentwicklung einzelner Kinder und Gruppenentwicklungen sollten auf Digitalfotos festgehalten werden. Abbildungen oder Zeichnungen sollten gesammelt, Beobachtungen notiert und spezielle Themen im Prozess – zum Beispiel die Verbindung von Fantasie- und Formaspekten – dokumentiert werden. Ideenwanderung, also die Entwicklung von Schwerpunktthemen innerhalb der Gruppe, gilt es wahrzunehmen und zu analysieren. Darüber mehr im nächsten Kapitel.

Ideeentwicklung und Ideenwanderung

Die sechsjährige Antonia hockt auf dem Teppich und schaut auf einen bunten Bogen aus Eislöffelchen, den zwei Mädchen legen. Dann wendet sie sich ab und sortiert gelbe Löffel aus. In der linken Hand hält sie die Löffel, mit der rechten Hand bildet sie eine neue Idee ab: die Sonne.

Schauen wir uns die Objekte von Kindern an, merken wir, dass sich Ideen oft in anderen Objekten wiederfinden. In Gruppen setzen sich struktur- und fantasiebestimmte Themen durch, indem die Grundideen wiederholt und variiert werden. Interessant ist, dass dabei auch eine Optimierung stattfindet: Das »perfekteste« Objekt bildet den Maßstab.

Ein Beispiel: Sorgt in Antonias Gruppe der bunte Eislöffelbogen für eine Ideenwanderung, dann entstehen weitere sonnen- oder regenbogenartige Objekte, deren Strukturen – zum Beispiel in Bezug auf Symmetriebildung – immer komplexer werden.

Die drei Phasen der Ideeentwicklung

Ideeentwicklung ist ein individueller Prozess. Sie weist drei prägnante Phasen auf:

- Das Kreieren: das Abbilden, Re-Produzieren und Modellieren bereits verinnerlichter Strukturen.
- Das Durcharbeiten: ein fokussiertes Gestalten. Ein Frageaspekt oder eine noch nicht erschlossene Struktur rückt für den einzelnen Menschen in den Vordergrund. Sichtbar werden Aspekte des Schmückens, Zerstörens und die wiederholte Reproduktion eines bestimmten Themas oder Problems.
- Das Entdecken: Eine neue Struktur wird durch Optimieren oder Modifizieren erschlossen.

Das Entstehen einer neuen Idee wird schon in der Gestik und Mimik der Kinder sichtbar: Stirnen liegen in Falten, Augen zwinkern. Häufig fasst ein Kind sich ins Gesicht, zum Beispiel an den Mund, oder beißt sich leicht auf die Lippe. Es dreht seine Haare mit den Fingern oder kratzt sich am Kopf.

Liegt ein konkreter Bauplan für das nächste Objekt in der Vorstellung vor, bekommen die Hände unterschiedliche Funktionen: Während Antonias Nachbarinnen den im Handeln entstehenden bunten Bogen aus Eislöffelchen fast durchgängig mit beiden Händen formen, legt Antonia – da sie sich ihre Löffel-Sonne bereits denkt – zielstrebig mit der rechten Hand. In der linken Hand hält sie das benötigte Material.

Die Ideenwanderung ist ein innovatives Moment in der Arbeit einer Gruppe: Bestimmte Themen werden von verschiedenen Kindern aufgegriffen und in der Gruppe zu Kernthemen. Oft kann man Ideenwanderung schon in ersten Arbeitsphasen beobachten, selbst wenn die Kinder nicht darüber sprechen.

Verbreitet und im mathematischen Sinne perfektioniert werden bestimmte Motive durch:
- das Nachahmen von Handlungen,
- das Kopieren von Objekten,
- das Variieren und Modifizieren von Themen oder Objekten.

Individuelle Ideeentwicklung analysieren und interpretieren

Noah, fünf Jahre alt, baut und malt mit mehr als 150 Eisbechern zu Hause innerhalb von drei Tagen eine Serie verschiedener Objekte. Sie entwickeln sich über die Handlung und haben etwas miteinander zu tun: der Turm, die Eiffeltürme, das Luftrohr, der gebaute und der gemalte Vulkan, der kleine und der große Vulkan, die Vulkanserie, die Burgtürme, ein riesiger Vulkan, die Burgzerstörung.

Wie Noahs Ideeentwicklung mit Eisbechern zeigen wird, sind die zunächst hirnphysiologisch unterschiedlichen Bereiche der Fantasiebildung und des Strukturierens eng miteinander verknüpft. Erkennbar ist ein Dialog seiner eigenen Vorstellung mit dem tatsächlich entstehenden Objekt: Während des Konstruierens wird nicht nur ein Bedeutungswandel – vom Turm zu Eiffeltürmen, zum Vulkan... – anhand seiner Objekte sichtbar, sondern auch die direkte Auseinandersetzung mit verschiedenen Strukturaspekten in Form bewusster und unbewusster mathematischer Motive.

Noahs mathematische Motive beim Gestalten

- Modellbau;
- Wechsel von der linearen zur ebenen Objektabbildung: Bauen und Anfertigen einer Zeichnung;
- Musterbildung;
- Symmetriebildung;
- Mittebildung;
- Verkleinern und Vergrößern;
- Seriation: Reihenbildung, hier durch immer kleiner werdende Vulkane;
- Formvariationen des Dreiecks;
- Ordnen von Teilmengen;
- Ordnen der vollständigen Menge aller Elemente als Ganzheit.

Darstellung des fantasiebestimmten Strukturierens

Szenenausschnitte (Zeitraum: 2,5 Tage)	Bedeutungen, die Noah seinen Objekten gibt	Interpretation der Bedeutung und der mathematischen Motive, mit denen Noah sich bewusst oder unbewusst auseinandersetzt
	Turm	Noah fokussiert einzelne Becher: Linienbildung des Objekts (Bau in die Höhe).
	Türme	Noah reproduziert den Turm in der gleichen Höhe.
		Noahs Fokus wechselt von einzelnen Elementen zur Gesamtmenge als Einheit. Er bildet eine Ordnung durch drei gleich hohe Türme. Besondere Aspekte: Schlichtheit, Linearität als Vertikale (Becherturm) und als Horizontale (obere Reihe als Linie), Flächenbildung eines optisch rechteckigen oder quaderförmigen Objekts.
	Eiffeltürme	Noah wandelt die Bedeutung um. Er bildet die Mitte mit einem gekippten Becher und betont die Symmetrieachse. Durch den gekippten Becher werden die drei Türme zu einem Ganzen. Noah verwertet alle verfügbaren Becher.
	Luftrohr	Noah findet eine neue Bedeutung: Er bildet eine einfache Ordnung durch die lineare Anordnung als Vertikale und erreicht die optimale Höhe der verschachtelten Elemente. Dieses Bauwerk stellt die schlichtestmögliche Einheit dar.

Durch vorsichtiges Loslassen versucht Noah, den Turm frei im Raum stehen zu lassen. Er kippt auf das Sofa. Der obere Teil der Becher fällt ab. Noah kommentiert dies mit einem langatmigen Stöhnen. Den unteren Teil des Turms schiebt er mit dem Fuß näher an das Sofa heran. Dann greift er nach einem auf dem Sofa liegenden Kissen und bedeckt damit einen Teil seiner gekippten Bechersäule.

Noah nimmt die auf dem Boden verteilten Becher und stapelt sie wieder auf – bis auf einen Becher, der sich ein Stück von den anderen Bechern entfernt hat und außerhalb seines Blickfelds liegt. Dann legt er sich einige Sekunden lang auffallend ausgestreckt neben den gekippten Turm auf das Sofa und betrachtet das neue Objekt. Obwohl er bei der gesamten Aktion fotografiert wird, nimmt er zur Beobachterin keinen Kontakt auf. Wahrscheinlich ist er in seine

Handlung oder in das Erleben dieser Handlung vertieft.

Noah legt eine Hand lauf das grüne Kissen, streicht behutsam darüber, atmet seufzend aus, greift das Kissen, dreht sich dabei und legt es auf die obere Spitze seines Becherstapels. Dann zieht er es einige Male von oben bis unten über die Becher und spricht in einem Singsang: »Schönes Luftrohr, führt in den Himmel. Im Himmel haben sie keine Luft. Nein, hier ist ein Vulkan. Abrutschen, wenn der ausbricht.« Dann singt Noah: »Und jetzt wird er wieder neu gebaut. Guck, das ist Lava. Der große Schnarcher ist gleich da. Guck mal, wo die Lava Feuer rausblubbert. Ganz viel Qualm. Die Lava grast da gerade raus. An welcher Stelle ist das wohl das Schnellste?«

Nach etwa zwei Minuten beendet er die Aktion abrupt. Er lässt das grüne Kissen auf den Boden fallen. Der Turm lehnt weiterhin auf dem Sofa. Erstmals wendet er sich an die Beobachterin und sagt: »Was kann ich jetzt machen?«

Er hat keine Lust, weiterzubauen, und entscheidet sich, mit Wachsstiften zu malen.

Szenenausschnitte (Zeitraum: 2,5 Tage)	Bedeutungen, die Noah seinen Objekten gibt	Interpretation der Bedeutung und der mathematischen Motive, mit denen Noah sich bewusst oder unbewusst auseinandersetzt
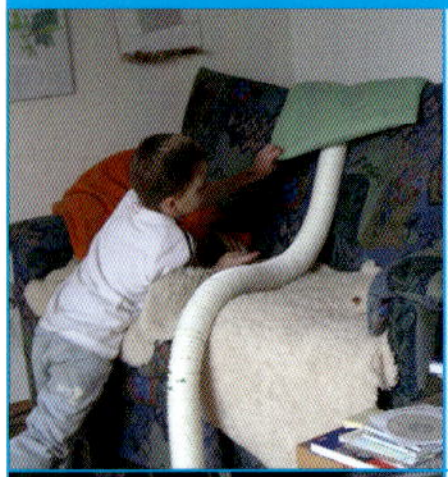	Luftrohr Vulkan	Durch Kippen auf das Sofa wandelt Noah das Luftrohr in einen Vulkan um. Er imaginiert Elemente: Qualm, Feuer... Das grüne Kissen wird zu »grasender Lava«. Noah vervollständigt sein Objekt durch Wiederherstellung des Ganzen.
	Vulkan	Noah zeichnet eine Trapezform.
		Auffallend an seinem Bild sind die doppelte Konturbildung durch dreiteilige Viereckbildungen, ähnlich des zuvor gebauten Becherturms, und die eckige Bildung der Vulkankontur.
	Vulkan mit richtigem Feuer und viel Qualm	Noah geht vom Zeichnen zum Malen über und greift das vorherige Becherturm-Vulkanspiel handlungsbestimmt auf.
	Vulkan Pyramide	Noahs Vulkan verwandelt sich in eine Pyramide (Modellbau, Muster und Symmetriebildung, Wechsel der Fokussierung auf einzelne Elemente: systematisches Verkleinern der Turmhöhe in jeder Reihe. Geometrisch-arithmetischer Kontext: arithmetisch geprägte Strukturvariation: unter Reihe 6 mal 10 Becher, dann 5 mal 5, dann 4 mal 4...).

	Pyramide	Noah bildet die Mitte und hat Glück beim Konstruieren: 6 mal 10, 5 mal 5, 4 mal 4, 3 mal 3, 2 mal 2, oberste Reihe: 1 mal 1. Noahs Fokus liegt jetzt auf dem einzelnen Becher. Die Gesamtmenge aller Becher (siehe nächstes Feld) gerät kurz aus seinem Blickfeld.
	kleine Pyramide	Noah bildet eine Dreieck-Serie: Umwandlung der Struktur (siehe voriges Feld), Dreieckvarianten, Seriation von 6 Reihen auf 5 Reihen, Musterbildung, Achsensymmetrie, Ordnen von Teilmengen.
	viele Pyramiden	Noah berücksichtigt einzelne Elemente und auch die Gesamtmenge aller Becher als Einheit.
	Burgtürme	Noah baut einen aufsteigenden Treppenbogen aus allen Bechern. Er imitiert das Gehen über Stufen durch Handbewegungen und singt: »Tapp, tapp, tapp...«
	große Pyramide	Noah nimmt zunächst sein Dreieck-Thema »Viele Pyramiden« wieder auf und errichtet ein großes, schlichtes Bauwerk.
	Reichend die? Ich glaube aber, die reichen!	Die Optimum-Größe bekommt nun Bedeutung. Noah sammelt alle noch verfügbaren Becher und setzt sie ein.
	Sind noch welche da?	Noah hält inne und betrachtet sein Bauwerk. Er wirkt unzufrieden, wendet sich enttäuscht vom Objekt ab, kehrt kurz darauf zurück, imaginiert mit seinen Händen die fehlenden fünf Becher und verlässt danach den Raum.
		Stunden später: Noah kommt mit seinem Holzschwert aus dem Kinderzimmer, verwandelt seine Pyramide in eine Burg und ändert seine Rolle: vom Konstrukteur zum Ritter. Die Auflösung des unvollkommenen Ganzen (Zerstörung) in eine ungeordnete Ordnung von Einzelelementen macht ihm Spaß.

Ideen zu Papier bringen: freies Abbilden

Wenn die Kinder das bauliche Gestalten ihrer Objekte abgeschlossen haben, kann man sie einladen, ihre Ideen auf Papier abzubilden. Damit die Stifte Hilfsmittel bleiben und nicht zum Werkzeug werden, reichen dicke Bleistifte und Wachs- oder dicke Filzstifte in den Farben der eingesetzten Materialien. Die Abbildungsflächen hingegen sind vielseitig: vom kleinen Notizblock über A4- und A2- oder A3-Blätter bis hin zur breiten Papierrolle für besonders große Werke oder für gemeinsames Abbilden.

Die Motivation, nach dem Bauen eine weitere Abbildung der Idee auf Papier anzufertigen, hängt nicht davon ab, ob ein Kind auch sonst gern malt. Manchmal geht es eher darum, dem gebauten Objekt Nachhaltigkeit zu geben. Außerdem kann das Kind beim Abbilden auf Papier einer Frage nachgehen. Oder es tauchen plötzlich interessante mathematische Probleme auf.

Die drei Ebenen freier Abbildungen

Wieso ist es sinnvoll, die Kinder anzuregen, frei abzubilden, statt sie anzuleiten, das, was sie gebaut hatten, möglichst genau auf Papier zu bringen?

Ein Grund dafür ist, dass das gebaute Objekt nur eine Abbildung von Gedachtem ist. Die gezeichnete Abbildung eines aus Würfeln gebauten Schlosses kommt den Gedanken beim Bauen nicht unbedingt näher als das gemalte Bild einer Königin. Auch bei Erwachsenen zeigt sich häufig, dass es gerade beim freien Abbilden möglich wird, sich sowohl auf der Handlungsebene als auch auf der Bild- und Symbolebene mit einer Idee auseinanderzusetzen. Außerdem eröffnet dies – passend zum gestaltenden Tätigsein mit gleichem Material in großer Menge – eine weite Bandbreite an Verarbeitung und Darstellung.

Abbildungsebenen

- die gemalte Vorstellung: ein handlungs- oder fantasiebestimmtes, oft lustvolles Abbilden;
- die gezeichnete Abbildung: ein konkret gegenständliches Abbilden des Objekts oder bestimmter Strukturmerkmale;
- die symbolhafte Abbildung: das Benutzen oder Kreieren von Zeichen oder Formeln.

Häufig wird auch eine Kombination dieser Ebenen in den Abbildungen sichtbar.

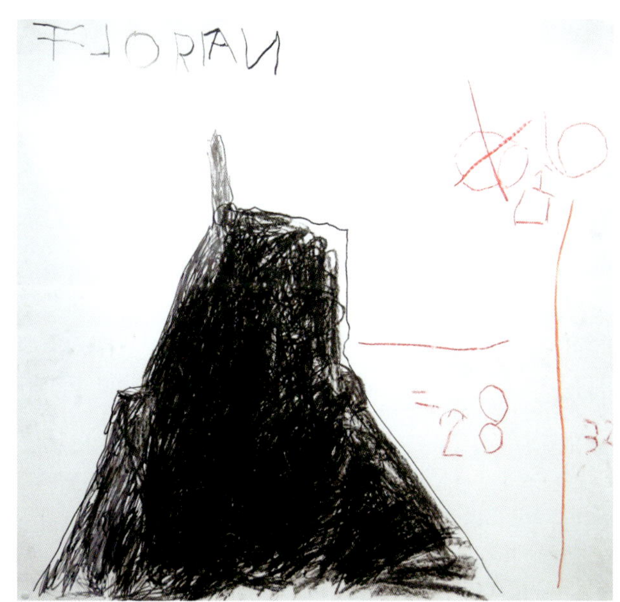

Der fünfjährige Florian nutzt beim Abbilden seines Fabrik-Objekts aus Würfeln nacheinander alle drei Ebenen. Er fertigt eine gezeichnete Abbildung an: die Kontur seiner mit Holzwürfeln konstruierten Fabrik mit Schornstein. Der vielen einzelnen Würfel wegen entscheidet er sich gegen das weitere konkret gegenständliche Abbilden und wählt die lustbetonte Handlung der »gemalten Vorstellung«. Dazu benutzt er einen schwarzen Wachsstift. Im Anschluss daran sichert er einige durch die dunkle Farbfläche nicht mehr darstellbare, ihm aber wichtige Merkmale seiner gebauten Fabrik: In der symbolhaften Abbildung sind Hinweise auf Breite (28) und Länge (32) des Objekts sowie zwei Schreibversuche für die Ziffer 6 sichtbar, die – mit der Pfeilrichtung nach oben – die Schornsteinhöhe angeben.

Neben dem freien Abbilden, das sich bei regelmäßigen Angeboten bewährt hat, kann es bei einem geeigneten Objekt ein zusätzlicher Impuls sein, eine

Bauanleitung anzufertigen. Das muss nicht unbedingt eine genaue Zeichnung sein, häufig reichen Zeichen. Danach kann das Objekt zugedeckt und nach der Bauanleitung reproduziert werden.

Ein solcher Impuls bietet sich beispielsweise an, wenn die Fantasie beim Abbilden so dominant bleibt, dass zu gebauten Schlössern serienweise ausschließlich die – zugegebenermaßen dort fehlenden – Schlossbewohner zu Papier gebracht werden.

Zwei Abbildungsbeispiele

Im Rahmen der ersten Praxisversuche, die 1998 mit einer 1. Klasse stattfanden, legte Tim aus Pfennigen ein Modell seines morgendlichen Schulwegs. Er stellte die Schule mit einem Fenster, zwei Eingangstüren und einem Schornstein dar und setzte sich auch selbst ins Bild: Aus dem Fenster schaute ein Kopf in Form einer einzelnen Münze.

Sein gelegtes Pfennigbild stellte er nicht als Eins-zu-eins-Abbildung der aneinandergefügten Kreise dar. Vielmehr abstrahierte er sie mit Hilfe einer Linie und schuf eine gezeichnete Abbildung, auf der er den gelegten Schulweg und das Schulgebäude wiedergab.

Auf dem Bild steht:
»Um sieben stehe ich auf. Dann gehe ich auf dem gefährlichen Schulweg. Wenn ich bei der Bushaltestelle bin, warte ich mit Christoph auf den Schulbus.
Straße
Das bin ich
aus Pfennigen«
Mit einem Pfeil wies Tim auf die Information »aus Pfennigen« hin und kennzeichnete, dass es sein Kopf

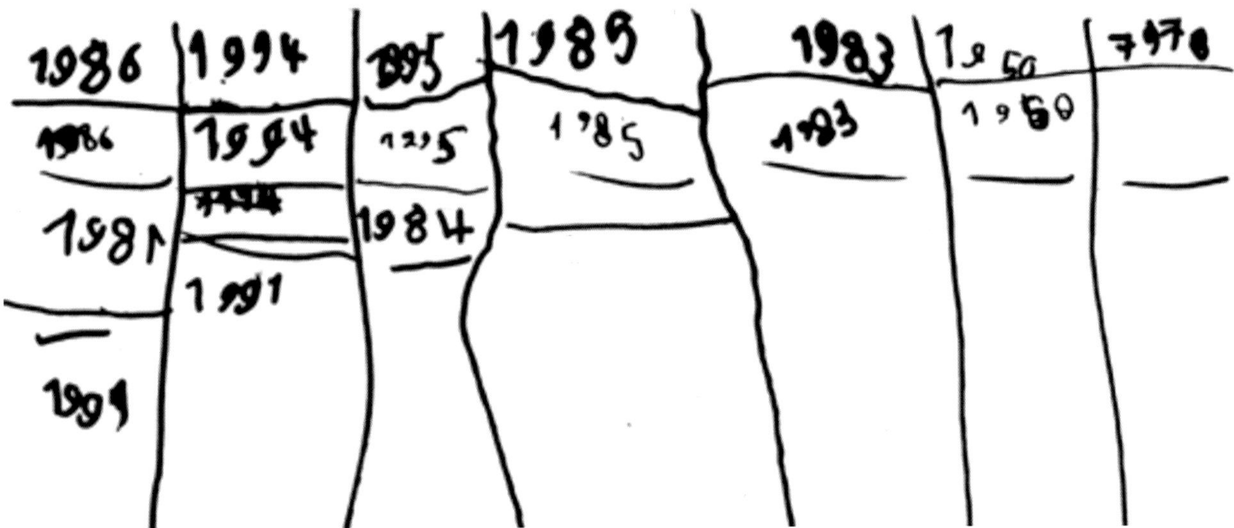

sein soll, der aus dem Fenster schaut. Zusätzlich verdeutlichte er den Bedeutungsinhalt des gelegten Modells »Schulweg« durch Hinzufügen seiner gemalten Vorstellung vom Bus und vom Kaminqualm, die im gelegten Bild fehlen. Außerdem brachte er die dritte Ebene – die symbolhafte Abbildung – in Form der Schriftsprache und des klassischen Hinweiszeichens Pfeil ein. Mit der äußersten Linie links vom Bus erweiterte er die linienartige Straße seines gelegten Bildes in diesem kleinen Abschnitt und wandelte sie optisch in eine Fläche um.

Auf dem Fußboden sitzend, arbeitet Laris – der Ideengeber, der die Pfennige zu Hause ausgekippt, gezählt und viele Straßen gelegt hatte – an einem anderen Thema. Er richtet seine Aufmerksamkeit auf die Prägungsjahre der Pfennige und entdeckt sein Geburtsjahr 1991.

Nachdem er einige dieser Pfennige gesammelt und aufeinandergestapelt hat, ermittelt er das Geburtsjahr seines älteren Bruders. Nun sortiert er die gesamte Menge seiner Pfennige nach Prägungsjahren, indem er Türme aufstapelt. Von einzelnen Jahren gibt es mehrere Türme, die noch nicht nebeneinander platziert sind.

Auf seiner Abbildung fertigt er eine erste Tabelle an. Darin dokumentiert er alle 18 Türme und systematisiert weiter, indem er – bis auf 1991 – jeweils gleiche Zahlen untereinander setzt. Die Form, die er wählt, ist symbolhaft, denn er stellt nicht die Münzstapel dar, sondern notiert nur die für ihn wichtigen Prägungsjahre in Tabellenform.

Das Präsentieren

Wurde ein fertiges Objekt zu Papier gebracht und mit der Fotokamera festgehalten, ist es manchmal sinnvoll, gleich weiterzubauen. Handelt es sich um ein besonderes Objekt, sollte ausreichend Zeit für eine Präsentation eingeplant werden – in der Schule und in der Kita mindestens eine Doppelstunde. Das Publikum kann aus wenigen Kindern oder einer ganzen Gruppe bestehen.

Sollen die Ergebnisse einer gemeinsamen Aktion präsentiert werden, ist es sinnvoll, die fertigen Objekte mit Namen zu versehen, die Abbildungen dazuzulegen und alle Materialien, die nicht verbaut wurden, fortzuräumen. Vor dem Betrachten und lauten Nachdenken bietet sich vielleicht eine kleine Pause an.

Das Präsentieren ist eine Form der Wertschätzung von Ideen und bietet die Möglichkeit inhaltlicher Auseinandersetzung: Nachträglich überdenken die Kinder ihre Objekte, die dahintersteckenden Ideen und – zumindest ein Stück weit – deren mathematische Bezüge.

Bei den klassischen Le Bohec-Erfinderrunden wird das präsentierte Objekt aus der Perspektive des Fachs beleuchtet. Das Kind oder die Kleingruppe, die das Objekt gestaltet hat, präsentiert und leitet das Gespräch, äußert sich aber zunächst nicht zu der Produktion, sondern lässt die übrigen Kinder diskutieren. Diese Kinder überlegen, welche Idee hinter dem Objekt stecken könnte, welche Mathematik sichtbar wird, ob das Objekt fertig ist oder wie man weiterbauen könnte. So entstehen für alle Beteiligten neue Perspektiven.

Es kommt nicht darauf an, in jedes Bauwerk Mathematik hineinzudeuten, Lösungswege vorwegzunehmen oder nächste Arbeitsschritte vorzugeben. Vielmehr geht es darum, Objekte zu beachten und zu betrachten, Ideen zu sammeln, das Nachdenken über Strukturen anzuregen und damit Mathematik zum Thema zu machen.

Die Präsentationen können in unterschiedlicher Form ritualisiert werden und müssen nicht mit der gesamten Gruppe stattfinden. Auch das Versprachlichen kann unterschiedlich gestaltet werden. So können Kita-Kinder zum Beispiel zu freien Abbildungen kommunizieren und angeregt werden, auf einer Papierrolle, die auf dem Fußboden liegt, das abzubilden, was sie zuvor produziert hatten. Danach tauschen sie die Plätze und spekulieren, welches Objekt sich hinter der Zeichnung vor ihnen verbergen könnte.

Präsentationen von Objekten können nach einiger Praxiserfahrung von einzelnen Kindern selbst initiiert werden. Durch das Abändern – zum Beispiel das Vertauschen einzelner Elemente – oder das Abdecken und Nachbauen können Objekte zum Gegenstand der Auseinandersetzung werden.

Eine weitere Form des Austauschs ist das gemeinsame Ausstellen von Objekten. Sie werden mit Namen versehen und können von den Kindern oder Kleingruppen zeitgleich betrachtet und besprochen werden. Fragen zu einzelnen Objekten können gesammelt und später wahlweise beantwortet werden.

Das Präsentieren lässt sich auch auf andere Kinder, Geschwister, Eltern und Großeltern ausweiten – als Ausstellung mit gebauten Objekten, ihren Abbildungen, mathematischen Fragen, Fotos vom Produzieren und natürlich vom gleichen Material in großer Menge.

Anhang

Fortbildung und Aktionsausstellung »Mathematik erfinden mit gleichem Material in großer Menge«

Buchen Sie die Aktionsausstellung »Mathematik erfinden mit gleichem Material in großer Menge« mit passenden Hilfsmitteln für kleine und große Erfinderinnen und Erfinder für Ihre Einrichtung. Dauer und Größe der Installation können Ihren individuellen Bedürfnissen angepasst, mit unterschiedlichen Installations-Segmenten in Eigenregie präsentiert oder als begleitete Ausstellung mit Vortrag und Workshops für Kinder und Lernbegleiterinnen gebucht werden.

Installations-Segmente

- Workshopangebote für Kinder und Erwachsene,
- Fortbildungen für Lernbegleiterinnen,
- Vortrag und Impulsreferat,
- Foto-Ausstellung,
- PowerPoint-Präsentation zu »Kinder erfinden Mathematik« und zum Konzept »Gleiches Material in großer Menge«: verschiedene Materialien in wählbarer Anzahl.

Je nach Veranstaltungsort (offene und geschlossene Innen- und Außenräume) bieten sich für das gestaltende Tätigsein der Kinder und Erwachsenen unterschiedliche Schwerpunkte:

- Das Viele im Einzigen: die Auswahl eines bestimmten Materials, zum Beispiel sehr viele Würfel für 100 und mehr Kinder;
- Alles liegt rund: verschiedene Alltags- und Geometrie-Materialien mit Kreis oder Kugelform als gemeinsames Merkmal;
- Querbeet: eine bunte Mischung diverser Alltags- und Geometrie-Materialien in großen Mengen.

Weitere Infos zu achtteiligen Weiterbildungen sowie zur Auswahl geeigneten Materials erhalten Sie auf Anfrage per E-Mail unter erfindergarten@verlagdasnetz.de.

Große Mengen Bach – Konzertaktion mit gleichem Material in großer Menge

Eine außergewöhnliche Performance mit Handwerk, Musik, Mathematik und Erfinden: »Große Mengen Bach« ist eine sechsstündige Konzertaktion, die von New Guide To Opera und Kerensa Lee für das »Höhenrausch Festival« entwickelt wurde, das die Rostocker Hochschule für Musik und Theater und das Institut für Mathematik der Universität Rostock veranstalteten. Im Jahr 2008 wurde die Konzertaktion in der Rostokker Nikolaikirche aufgeführt. Beim Wettbewerb der Geisteswissenschaften zum Jahr der Mathematik 2008 wurde »Große Mengen Bach« mit dem Preis »Kopf und Zahl« des Hauses der Wissenschaft Bremen ausgezeichnet.

»Große Mengen Bach« ist ein dreigliedriges Projekt, in dem performatives, musikalisches und mathematisches Handeln auf einmalige Weise zusammengeführt werden. Als performative Handlung werden vier alte, nicht mehr bespielbare Klaviere von vier Monteuren sorgfältig in ihre Einzelteile zerlegt. Mit Scheren und Kleber zerlegen und reorganisieren vier Pianisten die Partitur von Johann Sebastian Bachs »Das wohltemperierte Klavier« und kreieren so ein neues Werk, das sie auf vier neuen Klavieren spielen.

Schließlich werden vier weitere Akteure mit den großen Mengen gleichen Materials, die im Zuge der Demontage der Klaviere angefallen sind, gestaltend tätig. Dies hat Aufforderungscharakter für alle Gäste. Wie beim Angebot des gleichen Materials in großer Menge wird geräumt, gestapelt, verknüpft und das zuvor Zerlegte zu neuen Objekten verbunden. All das vollzieht sich an einem Ort und in einer Atmosphäre, die es erlauben, sich keinem vorab bestimmten, zweckorientierten Nutzen verpflichtet zu fühlen.

Neben der Konzertaktion »Große Mengen Bach« können Elemente aus der Performance-Idee als Ausstellung für Kinder und Erwachsene gebucht werden.

Weitere Infos erhalten Sie auf Anfrage per E-Mail unter erfindergarten@verlagdasnetz.de.